Rudolf Steiner

Stichwort MEDITATION

RUDOLF STEINER
VERLAG

1. Auflage 2010
Zusammengestellt und herausgegeben von Taja Gut

Einbandgestaltung: Finken & Bumiller, Stuttgart
Satz: Verlag
Druck und Bindung: fgb, freiburger graphische betriebe, Freiburg
Printed in Germany

ISBN: 978-3-7274-4903-1
www.steinerverlag.com

SPIRITUELLE PERSPEKTIVEN

Stichwort MEDITATION

SPIRITUELLE PERSPEKTIVEN

Rudolf Steiner lag nichts an Systemen. Sein Wirken bestand vielmehr darin, Impulse zu geben, Impulse zu einem in jeder Hinsicht menschenwürdigen Leben, hier und jetzt.

Dazu gehört, dass er das Bewusstsein dafür zu schärfen suchte, dass unser Sein sich nicht beschränkt auf das gegenwärtige, von Geburt und Tod begrenzte Dasein. Unermüdlich rief er in Erinnerung, dass wir in Wirklichkeit geistige Wesen sind, ebenso wie Erde und Kosmos, in deren Gesamtzusammenhang wir stehen.

Durch seine Schriften und Vorträge ermutigte er dazu, diese verborgene Wirklichkeit ernst zu nehmen. Seine zahllosen Anregungen zielen darauf ab, Geistesgegenwart zu entwickeln, die im Augenblick das Notwendige erkennt und tut. Das kann man, überwältigt oder ratlos angesichts der umfangreichen Gesamtausgabe seiner Werke, leicht vergessen.

Die «Spirituellen Perspektiven» versammeln Kerngedanken zu ganz bestimmten Fragen aus Steiners Gesamtwerk und ermuntern so dazu, das Denken in Bewegung zu setzen und die eigene Erkenntnis- und Handlungsfähigkeit zu vertiefen.

Die kurzen Auszüge erheben keinen Anspruch, ein Thema erschöpfend zu behandeln. Sie versuchen vielmehr, Zugänge zu dem unüberschaubaren Komplex von Steiners Werk zu eröffnen, durch die sich seine außergewöhnliche – auch außergewöhnlich anregende – Ideenwelt auf eigene Faust erschließen lässt.

Die Quellenangaben mögen dabei als erste Wegweiser dienen. Doch auch wer sich mit den hier zusammengetragenen Fragmenten begnügt, wird in diesen eine wertvolle Orientierungshilfe für die heutige, nicht minder komplexe Welt finden.

INHALT

WARUM MEDITIEREN?

Meditieren – die einzig wirklich freie Handlung

Über die Meditation soll man nicht «mystisch» denken, aber man soll auch nicht leicht über sie denken. Die Meditation muss etwas völlig Klares sein in unserem heutigen Sinne. Aber sie ist zugleich etwas, zu dem Geduld und innere Seelenenergie gehört. Und vor allen Dingen gehört etwas dazu, was niemand einem anderen Menschen geben kann: dass man sich selber etwas versprechen und es dann halten kann. Wenn der Mensch einmal beginnt, Meditationen zu machen, so vollzieht er damit die einzige wirklich völlig freie Handlung in diesem menschlichen Leben. Wir haben in uns immer die Tendenz zur Freiheit, haben auch ein gut Teil der Freiheit verwirklicht. Aber wenn wir nachdenken, werden wir finden: Wir sind mit dem einen abhängig von unserer Vererbung, mit dem anderen von unserer Erziehung, mit dem dritten von unserem Leben. Und fragen Sie sich, inwiefern wir imstande sind, das, was wir durch Vererbung, durch Erziehung und durch das Leben uns angeeignet haben, plötzlich zu verlassen. Wir wären ziemlich dem Nichts gegenübergestellt, wenn wir das plötzlich verlassen wollten. Wenn wir uns aber vornehmen, abends und morgens eine Meditation zu machen, damit wir allmählich lernen, in die übersinnliche Welt hineinzuschauen, dann können wir das jeden Tag tun oder lassen. Nichts steht dem entgegen. Und die Erfahrung lehrt auch, dass die meisten, die mit großen Vorsätzen an das meditative Leben herangehen, es sehr bald wiederum lassen. Wir sind darin vollständig frei. Es ist dieses Meditieren eine urfreie Handlung.

Kräfteverschwendung

Tatsächlich verschwenden die Menschen unserer Kultur, ganz so, wie die Wärme verschwendet wird, wenn sie an die Umgebung abgegeben wird, unendlich viel Kraft, welche in unserem Gedanken- und Empfindungsleben sich entwickelt. Was so täglich verloren geht und ins Wesenlose strömt, könnte dazu verwendet werden, um direkte übersinnliche Erkenntnisse zu erlangen. ... Unsere abendländische Kultur ist darauf angelegt, den Menschen eine Unmenge von Kräften verschwenden zu lassen, einfach deshalb, weil wir im Abendlande mehr als irgendwo anders Gedanken entwickeln. Aber fast alle diese Gedanken sind unkontrolliert: unkontrolliert, wie sie entstehen, unkontrolliert, wie sie weitergetragen werden, und unkontrolliert, wie sie wieder aufgenommen werden. So gehen sie verloren, ohne dass sie uns zu einem Erkenntnisziele führen.

Schlummernde Fähigkeiten

Es schlummern in *jedem* Menschen Fähigkeiten, durch die er sich Erkenntnisse über höhere Welten erwerben kann. Der Mystiker, der Gnostiker, der Theosoph sprachen stets von einer Seelen- und einer Geisterwelt, die für sie ebenso vorhanden sind wie diejenige, die man mit physischen Augen sehen, mit physischen Händen betasten kann. Der Zuhörer darf sich in jedem Augenblicke sagen: Wovon dieser spricht, kann ich auch erfahren, wenn ich gewisse Kräfte in mir entwickele, die heute noch in mir schlummern. Es kann sich nur darum handeln, wie man es anzufangen hat, um solche Fähigkeiten in sich zu entwickeln.

Prinzipien der inneren Entwicklung

Es ist ein Grundsatz in aller Geheimwissenschaft,* der nicht übertreten werden darf, wenn irgendein Ziel erreicht werden soll. Jede Geheimschulung muss ihn dem Schüler einprägen. Er heißt: *Jede Erkenntnis, die du suchst, nur um*

* Die Geheimwissenschaft wird Gewissheit schaffen über die größten Rätsel des Daseins. Daher heißt sie Geheimwissenschaft, nicht weil sie etwas verbirgt, sondern weil ihre Lehren im Innersten gefunden werden müssen. Sie ist Geheimwissenschaft genau so, wie die Mathematik Geheimwissenschaft ist.

dein Wissen zu bereichern, nur um Schätze in dir anzuhäufen, führt dich ab von deinem Wege; jede Erkenntnis aber, die du suchst, um reifer zu werden auf dem Wege der Menschenveredelung und der Weltentwicklung, die bringt dich einen Schritt vorwärts. Dieses Gesetz fordert unerbittlich seine Beobachtung. Und man ist nicht früher Geheimschüler, ehe man dieses Gesetz zur Richtschnur seines Lebens gemacht hat. Man kann diese Wahrheit der geistigen Schulung in den kurzen Satz zusammenfassen: *Jede Idee, die dir nicht zum Ideal wird, ertötet in deiner Seele eine Kraft; jede Idee, die aber zum Ideal wird, erschafft in dir Lebenskräfte.*

Meditation – verschärftes Denken

Meditieren ist nichts anderes als ein verschärftes Denken, als ein intensiver gemachtes Denken, als ein ausgebildetes Denken. Die Meditation besteht darin, dass man einen Gedanken oder eine Gedankenreihe … intensiv in den Mittelpunkt des Bewusstseins stellt und dann so stark seelisch-geistig in dieser Gedankenreihe tätig ist, dass man nun nicht bloß jene abstrakte, intellektualistische Gedankentätigkeit entfaltet, die man in der gewöhnlichen Wissenschaft oder im gewöhnlichen Leben hat, sondern jene intensive Gedankentätigkeit, die, wären wir noch Kinder unter sieben Jahren, in unseren Organismus eingreifen würde, im Organismus drinnen brodeln und kochen würde.

Befreiung des Denkens vom Leiblichen

In dem Gedanken lernt man sich bewegen durch das Meditieren, wie man sich bewegt im Alltag. Und nach und nach wird es so, dass man merkt, man macht ja innerlich durch dieses Meditieren einen Ruck durch. Während man im gewöhnlichen Leben eine Art Führung in seiner Gedankenwelt hat durch die Außenwelt, während man sich hingibt den Gedanken, die uns umgeben je nachdem sie kommen durch die ungezügelten Erinnerungen, auftauchen, wieder verschwinden und so weiter, besteht das

Meditieren darinnen, dass man aus dem eigenen Willen heraus seine Gedanken in das Bewusstsein hineinbringt, dass man einen Gedanken so handhabt, wie man meinetwillen die Hand bewegt, wenn man mit der Hand irgend etwas ausführt. Und man bekommt nach und nach tatsächlich das Gefühl, dass man denken lernt, wie man sonst greifen oder sonst gehen gelernt hat: dass die Gedankentätigkeit sich als etwas vom Menschen Abgesondertes ergibt. Wenn man so vordringt zu einer solchen Gedankentätigkeit, die intensiver ist als die gewöhnliche Gedankentätigkeit, zu einer Gedankentätigkeit, von der man innerlich erlebt: Wäre man noch Kind, würde dieses Denken, das man im Meditieren entwickelt, sogar in das Wachstum, in die Gestaltung des Leibes eingreifen – wenn man dieses Denken entwickelt, dann lernt man das kennen, was es heißt: im Denken selber, im Vorstellen leibfrei sich einer Tätigkeit hingeben.

Seinem eigenen Wollen als gelassener Zuschauer gegenüberstehen

Jeder, der Meditationsübungen ausführt, weiß, wie nach Jahren, nachdem er Meditationsübungen ausgeführt hat, die ganze Art, wie er über die Welt denkt, eine andere wird, als sie früher war. Er weiß, wie er in anderer Weise Leidenschaft mit Wünschen, und diese wieder mit Gedanken und so weiter verbindet. Er weiß, dass ein anderes Wesen, wenn auch in feinerer Weise, aus ihm geworden ist, das wahrgenommen werden muss. Sonst ist immer das Ich der Mittelpunkt des Wollens. Von dem Ich gehen die Strahlen des Wollens gleichsam aus, ergießen sich in die Gefühle, in die Handlungen. Bei diesem Wollen stellt sich der Mensch gewissermaßen außerhalb seines Ich und bringt durch das Wollen das Ich selber vorwärts. Daher ist die wahre Meditation dazu besonders geeignet, dass er der Zuschauer seines Wollens wird, dass er sich gewissermaßen außerhalb seiner zu versetzen weiß und gerade so, wie man Naturvorgänge anschauen lernt, auch dieses sein eigenes Wollen mit Gelassenheit anschauen lernt.

Ins Unbegrenzte gesteigerte Hingabe und Aufmerksamkeit

Diese Meditation, diese Konzentration, sie sind nicht irgendwelche wunderbare geistige Verrichtungen. Sie sind nur aufs höchste gesteigerte geistige Verrichtungen, die auch in ihren niederen elementaren Graden im gewöhnlichen Leben vorkommen. Meditation ist eine ins Unbegrenzte gesteigerte Hingabe der Seele, wie wir sie etwa erleben in den schönsten Empfindungen des religiösen Lebens, und Konzentration ist eine ins Unbegrenzte gesteigerte Aufmerksamkeit, wie wir sie auch anwenden müssen in elementarer Weise im gewöhnlichen Leben.

Eine meditative Grundfrage

Frage: Du strebst nach Selbsterkenntnis? Wird dein sogenanntes Selbst für das Ganze der Welt morgen mehr bedeuten als heute, wenn du es erkannt hast?

Erste Antwort: Nein, wenn du morgen nichts anderes bist als heute, und dein Erkennen von morgen nur dein Sein von heute wiederholt.

Zweite Antwort: Ja, wenn du morgen ein anderer bist als heute, und dein neues Sein von morgen die Wirkung deines Erkennens von heute ist.

VORAUSSETZUNGEN FÜR DIE MEDITATION

Konzentration auf eine Vorstellung

Die Erhebung zu einem übersinnlichen Bewusstseinszustande kann nur von dem gewöhnlichen wachen Tagesbewusstsein ausgehen. In diesem Bewusstsein lebt die Seele vor ihrer Erhebung. Es werden ihr durch die Schulung Mittel gegeben, welche sie aus diesem Bewusstsein herausführen. Die hier zunächst in Betracht kommende Schulung gibt unter den ersten Mitteln solche, welche sich noch als Verrichtungen des gewöhnlichen Tagesbewusstseins kennzeichnen lassen. Gerade die bedeutsamsten Mittel sind solche, die in stillen Verrichtungen der Seele bestehen. Es handelt sich darum, dass sich die Seele ganz bestimmten Vorstellungen hingibt. Diese Vorstellungen sind solche, welche durch ihr Wesen eine weckende Kraft auf gewisse verborgene Fähigkeiten der menschlichen Seele ausüben. Sie unterscheiden sich von solchen Vorstellungen des wachen Tageslebens, welche die Aufgabe haben, ein äußeres Ding abzubilden. Je wahrer sie dies tun, desto wahrer sind sie. Und es gehört zu ihrem Wesen, in diesem Sinne wahr zu sein. Eine solche Aufgabe haben die Vorstellungen nicht, welchen sich die Seele zum Ziele der Geistesschulung hingeben soll. Sie sind so gestaltet, dass sie nicht ein Äußeres abbilden, sondern in sich selbst die Eigenheit haben, auf die Seele weckend zu wirken. Die besten Vorstellungen hierzu sind sinnbildliche oder symbolische. Doch können auch andere Vorstellungen verwendet werden. Denn es kommt eben gar nicht darauf an, was die Vorstellungen enthalten, sondern lediglich darauf, dass die Seele alle ihre Kräfte darauf richtet, nichts anderes im Bewusstsein zu haben als die betreffende Vorstellung. Während im gewöhnlichen Seelenleben dessen Kräfte auf vieles verteilt sind und die Vorstellungen rasch wechseln, kommt es bei der Geistesschulung auf die Konzentration des ganzen Seelenlebens auf eine Vorstellung an. Und diese Vorstellung muss durch freien Willen in den Mittelpunkt des Bewusstseins gerückt sein. Sinnbildliche Vorstellungen sind deshalb besser als solche, welche äußere Gegenstände oder Vorgänge abbilden, weil die letzteren den Anhaltspunkt in der Außenwelt haben und dadurch die Seele weniger sich auf sich allein zu stützen hat als bei sinnbildlichen, die aus der eigenen Seelenenergie heraus gebildet werden. Nicht was vorgestellt wird, ist wesentlich, sondern darauf kommt es an, dass das Vorgestellte durch die Art des Vorstellens das Seelische von jeder Anlehnung an ein Physisches loslöst.

Konzentrationsübungen

Gegen Vergesslichkeit

Nehmen wir an, ein Mensch, der seine Vergesslichkeit bei sich bemerkt, der würde, um sich davon zu kurieren, sagen: Ich will jetzt die betreffenden Gegenstände, die ich wiederfinden will, gerade an recht verschiedene Orte legen; ich will aber niemals einen Gegenstand anders an einen bestimmten Ort legen, als indem ich den Gedanken entwickele: Ich habe den Gegenstand an diesen Ort gelegt, ich merke mir das Bild der Umgebung nach Form, Farbe und so weiter, und ich versuche, mir das einzuprägen. Nehmen wir an, wir legen eine Sicherheitsnadel an eine Tischkante, wo eine Ecke ist; wir legen sie mit dem Gedanken hin: Ich lege diese Nadel an diese Kante hin, und ich präge mir als ein Bild den rechten Winkel ein, der sich darum herum zeigt dadurch, dass die Nadel an zwei Seiten von Kanten umgeben ist und so weiter. Nun gehe ich beruhigt von der Sache weg, und ich werde sehen – wenn ich das nur einmal mache, gelingt es mir vielleicht zunächst noch nicht in allen Fällen, die Sache wieder zu finden, aber wenn ich das öfter mache, wenn ich es mir zur Regel mache, meine Sachen mit solchen Gedanken hinzulegen –, dass meine Vergesslichkeit nach und nach immer mehr und mehr schwindet. Dies beruht darauf, dass ein ganz bestimmter Gedanke gefasst worden ist – der Gedanke: Ich lege die Nadel dorthin – und dadurch mein Ich in Verbindung gebracht worden ist mit dem Tun, mit dem, was ich ausführe, und dem noch ein Bild hinzugefügt wird. Klare Bildlichkeit im Denken, bildhaftes Vorstellen dessen, was ich tue, und außerdem, dass ich das Tun in Verbindung bringe mit meinem geistig-seelischen Wesenskern, mit meinem Ich, – das ist dasjenige, was unser Gedächtnis ganz wesentlich schärfen kann.

Gegen Zappeligkeit

Und bemühe dich – ohne dass du dich dabei anstrengst, täglich eine viertel oder eine halbe Stunde genügen dazu –, bemühe dich, eine andere Schrift anzunehmen, deine Schriftzüge zu ändern, so dass du genötigt bist, nicht mechanisch so zu schreiben wie bisher, sondern acht zu geben, wie du die Buchstaben formst. Sagen wir, während du sonst in der Weise das F schreibst, schreib es nun steiler und in ganz anderer Form, so dass du acht geben musst. Gewöhne dir an, die Buchstaben sorgfältig zu malen. … Der Mensch ist nämlich gezwungen, wenn er seine Schrift ändert, Aufmerksamkeit auf das zu verwenden, was er tut; und Aufmerksamkeit zu verwenden auf das, was man tut, heißt immer, seinen innersten Wesenskern mit seinem Tun in innigen Zusammenhang zu bringen. Alles das, was unseren innersten Wesenskern in Zusammenhang mit dem bringt, was wir tun, stärkt unseren Äther- oder Lebensleib, und wir werden dadurch gesündere Menschen.

Gedächtnisstärkung

Unseren Ätherleib kann auch wesentlich stärken, wenn wir noch etwas anderes tun zur Aufbesserung unseres Gedächtnisses. … Man kann ungeheuer viel tun zur Stärkung des Äther- oder Lebensleibes, wenn man Dinge, die man weiß, nicht nur in Gedanken so durchläuft, wie man sie gewöhnlich weiß, sondern wenn man sie rückwärts durchläuft. Sagen wir zum Beispiel, man muss in der Schule eine Reihenfolge von Zeitereignissen lernen, von Schlachten oder Herrschern mit den dazugehörigen Jahreszahlen. Außerordentlich gut ist es nun, wenn man diese nicht nur lernen lässt oder selbst lernt in der Reihenfolge, die die ordentliche ist, sondern auch die Sache sich aneignet in der umgekehrten Reihenfolge, indem man alles sich vorführt von hinten nach vorne. Das ist eine außerordentlich wichtige Sache. Denn wenn wir in einem umfassenderen Maße so etwas machen, tragen wir wiederum bei zu einer ungeheuren Stärkung unseres Ätherleibes. Ganze Dramen von rückwärts nach vorne, das, was wir gelesen haben an Erzählungen oder dergleichen, vom Ende nach vorne durchdenken, das sind Dinge, die im höchsten Grade für die Konsolidierung des Ätherleibes von Wichtigkeit sind.

Noch eine Gedächtnisübung

Wir müssen systematisch Folgendes treiben, wir müssen uns sagen: Ich will mich ganz genau erinnern an den Menschen, den ich gestern gesehen habe, auch an welcher Hausecke ich ihn gesehen habe; was noch um ihn herum war. Das Bild will ich mir genau ausmalen, auch seinen Rock, seine Weste will ich mir bildlich genau vorstellen. – Da werden die meisten Menschen bemerken, dass sie das gar nicht können, dass ihnen das gar nicht möglich ist. Sie werden bemerken, wie viel ihnen fehlt, um eine wirkliche bildhafte Vorstellung zu bekommen von dem, was ihnen gestern begegnet ist und was sie gestern erlebt haben. …

Ein gutes Gedächtnis ist nun aber das Kind einer treuen Beobachtung. Zur Entwicklung des Gedächtnisses kommt es also gerade darauf an, dass man genau beobachte. …

Zunächst versuche man, sich möglichst genau zu erinnern, und wo man sich nicht erinnert, da versuche man nun tatsächlich sich etwas Falsches vorzustellen, nur etwas Ganzes soll es sein. Nehmen wir an, Sie hätten ganz vergessen, ob jemand, der Ihnen begegnet ist, einen braunen oder einen schwarzen Rock angehabt hat, so stellen Sie sich vielleicht vor, er habe einen braunen Rock und braune Beinkleider angehabt; er habe solche und solche Knöpfe an der Weste gehabt, die Halsbinde war gelb – und da war jene Situation, die Wand war gelb, links ist ein großer, rechts ein kleiner Mensch vorbeigegangen und so weiter.

Das, woran man sich erinnert, das stellt man sich hinein in das Bild; nur das, woran man sich nicht erinnern kann, das ergänzt man, um nur im Geiste ein vollständiges Bild zu gewinnen. Das Bild ist ja dann zunächst falsch, aber dadurch, dass Sie sich bemühen, ein vollständiges Bild zu bekommen, dadurch werden Sie angeleitet, von jetzt ab genauer zu beobachten. Und das setzen Sie fort, solche Übungen zu machen. Und wenn Sie das fünfzigmal gemacht haben, so werden Sie das einundfünfzigste Mal ganz genau wissen, wie derjenige, der Ihnen begegnet ist, ausgesehen hat, was er angehabt hat ...

Willensstärkung

Nun gibt es ein einfaches Mittel, den Willen zu stärken für das äußere Leben, und dieses Mittel ist, Wünsche, die vorhanden sind, zu unterdrücken, sie nicht zur Ausführung zu bringen, selbstverständlich, wenn die Nichtausführung der Wünsche keinen Schaden bringt. Wenn man sich prüft im Leben, so wird man schon vom Morgen bis zum Abend zahllose Dinge finden, die man wünscht, von denen es zwar nett wäre, wenn sie einem erfüllt würden, aber man wird auch zahlreiche solche Wünsche finden, bei denen man auch auf die Erfüllung Verzicht leisten kann, ohne dass einem selbst oder jemand anderem Schaden zugefügt wird, und ohne dass man eine Pflicht verletzt, Wünsche, deren Befriedigung einem vielleicht Freude macht, die aber ganz gut auch unbefriedigt bleiben können. Wenn man systematisch darauf ausgeht, unter mancherlei Wünschen auch solche zu finden, von denen man sagt: Nein, der Wunsch soll jetzt nicht erfüllt werden – man darf nur die Sache nicht am unrechtesten Ort anfassen, sondern es muss so etwas sein, was keinen Schaden bringt, was durch die Erfüllung weiter nichts bringt als Behaglichkeit, Freude, Lust –, wenn man solche Wünsche systematisch unterdrückt, dann bedeutet jede Unterdrückung irgendeines kleinen Wunsches einen Zufluss an Willensstärke, an Stärkung des Ich gegenüber dem astralischen Leib. Und wir werden, wenn wir im späteren Leben noch uns einer solchen Prozedur der Selbsterziehung unterwerfen, in dieser Beziehung manches nachholen können, was ja auch die Jugenderziehung gegenwärtig vielfach vernachlässigt.

Denkübungen

Gedanken-Welt

Wenn man von wirklicher Denkpraxis reden will, muss man wissen, dass Gedanken nur aus einer Welt herauszuholen sind, in der auch wirklich schon Gedanken darinnen sind. Wie man Wasser nur aus einem Glase schöpfen kann, in dem Wasser wirklich darinnen ist, so kann man Gedanken nur aus Dingen schöpfen, in denen sie darinnen sind. Die Welt ist nach Gedanken aufgebaut; nur deshalb kann man Gedanken auch herausholen aus ihr. Wenn das nicht wäre, dann könnte überhaupt keine Denkpraxis zustande kommen. Dann aber, wenn der Mensch zu Ende empfindet, was hier ausgesprochen worden ist, dann wird er über alles abstrakte Denken leicht hinwegzubringen sein. Wenn der Mensch das volle Vertrauen hat, dass hinter den Dingen Gedanken stehen, dass die realen Tatsachen des Lebens nach Gedanken verlaufen, dann, wenn er diese Empfindung hat, dann wird er leicht sich bekehren zu einer Denkpraxis, die auf Wirklichkeit, Realität gebaut ist.

Voraussetzungen für praktisches Denken

Da gibt es dreierlei, das zu berücksichtigen ist, wenn der Mensch wirklich eine Erziehung im Sinne des praktischen Denkens auf sich nehmen will: Erstens muss und soll der Mensch Interesse entwickeln für die äußere ihn umgebende Wirklichkeit, Interesse in Bezug auf Tatsachen und Gegenstände. Interesse an der Umwelt, das ist das Zauberwort für die Gedankenerziehung. Lust und Liebe zu dem, was wir tun, das ist das zweite. Und Befriedigung an dem, worüber wir nachsinnen, das ist das dritte. Wer diese drei Dinge versteht: Interesse an der Umwelt, Lust und Liebe am Tun und Befriedigung im Nachsinnen, der wird bald finden, dass dies die Hauptanforderungen sind, die an eine praktische Ausbildung des Denkens zu stellen sind.

Detailliertes Wahrnehmen bereichert das Denken

Nehmen wir an, jemand versucht Folgendes: Er beobachtet heute sorgfältig einen Vorgang in der Welt, der ihm zugänglich ist, den er möglichst genau beobachten kann, sagen wir zum Beispiel die Witterung. Er beobachtet die Wolkenkonfiguration am Abend, die Art, wie die Sonne untergegangen ist und so weitet, und er bildet sich nun genau das Bild ein von dem, was er beobachtet hat. Er versucht die Vorstellung, dieses Bild eine Zeitlang festzuhalten in allen Einzelheiten; er hält soviel wie möglich von dieser Vorstellung fest und sucht sie sich zu bewahren bis morgen. Morgen beobachtet er ungefähr um dieselbe Zeit, oder aber auch zu einer anderen Zeit, wiederum die Witterungsverhältnisse, und er versucht, sich wiederum ein genaues Bild von den Verhältnissen zu machen.

Wenn er auf diese Weise sich genaue Bilder von aufeinander folgenden Zuständen macht, so wird es für ihn außerordentlich deutlich werden, wie er sein Denken allmählich innerlich bereichert und intensiv macht, denn dasjenige, was das Denken unpraktisch macht, das ist, dass der Mensch gewöhnlich zu sehr geneigt ist, in den aufeinander folgenden Vorgängen in der Welt das, was die Einzelheiten sind, wegzulassen und nur ganz allgemeine, verschwommene Vorstellungen zu behalten. Das Wertvolle, das Wesentliche, was das Denken befruchtet, ist, gerade in aufeinander folgenden Vorgängen sich genaue Bilder zu formen und sich dann zu sagen: Gestern war die Sache so, heute ist sie so –, und dabei die beiden Bilder, die in der wirklichen Welt auseinander liegen, sich möglichst bildlich auch vor die Seele zu rücken.

Bewegliches Denken und Geistesgegenwart

Ich will, so oft ich Zeit habe, über etwas nachdenken, was ich mir selbst auswähle, was ich nur durch meine Willkür in mein Bewusstsein hereinbringe. Ich will jetzt zum Beispiel über irgend etwas, was ich vielleicht früher erlebt habe, vielleicht bei einem Spaziergang vor zwei Jahren, nachdenken, ich will die damaligen Erlebnisse ganz willkürlich in mein Denken hereinbringen und will darüber – sei es vielleicht nur fünf Minuten – nachdenken. Alles übrige, fort damit für diese fünf Minuten! Selbst wähle ich mir das, worüber ich nachdenken will. Die Wahl braucht nicht einmal so schwierig zu sein, wie ich gerade gesagt habe. Darauf kommt es zunächst gar nicht an, dass man durch schwierige Übungen in seinen Denkprozess hineinwirkt, sondern dass man sich herausreißt aus dem, in was man hineingezogen wird durch das Leben. Es muss nur etwas sein, was herausfällt aus dem, wohinein man gesponnen wird durch den gewöhnlichen Tagesverlauf. Und wenn man an Einfallslosigkeit leidet, wenn einem gerade nichts anderes einfällt, so kann man sich zu Hilfe kommen, indem man ein Buch aufschlägt und über das nachdenkt, was man gerade liest auf den ersten Blick. Oder auch, man sagt sich: Ich werde heute einmal über das nachdenken, was ich sah, als ich zu bestimmter Zeit vormittags ins Geschäft gegangen bin und das ich sonst würde unberücksichtigt gelassen haben. Es muss eben etwas sein, was aus dem gewöhnlichen Tageslauf herausfällt, worüber man sonst nicht nachgedacht hätte.

Macht man solche Übungen systematisch immer und immer wieder, dann tritt das ein, dass man Einfälle kriegt zur rechten Zeit, dass einem zur richtigen Zeit das einfällt, was einem einfallen soll. Das Denken wird dadurch in Beweglichkeit kommen, und das ist ungeheuer bedeutungsvoll für den Menschen im praktischen Leben.

Vorstellungsübung

Übung zur nichtsinnlichen Wahrnehmung

Man lege ein kleines Samenkorn einer Pflanze vor sich hin. Es kommt darauf an, sich vor diesem unscheinbaren Ding die rechten Gedanken intensiv zu machen und durch diese Gedanken gewisse Gefühle zu entwickeln. Zuerst mache man sich klar, was man wirklich mit Augen sieht. Man beschreibe für sich Form, Farbe und alle sonstigen Eigenschaften des Samens. Dann überlege man Folgendes. Aus diesem Samenkorn wird eine vielgestaltige Pflanze entstehen, wenn es in die Erde gepflanzt wird. Man vergegenwärtige sich diese Pflanze. Man baue sie sich in der Phantasie auf. Und dann denke man: Was ich mir jetzt in meiner Phantasie vorstelle, das werden die Kräfte der Erde und des Lichtes später wirklich aus dem Samenkorn hervorlocken. Wenn ich ein künstlich geformtes Ding vor mir hätte, das ganz täuschend dem Samenkorn nachgeahmt wäre, so dass es meine Augen nicht von einem wahren unterscheiden könnten, so würde keine Kraft der Erde und des Lichtes aus diesem eine Pflanze hervorlocken. Wer sich diesen Gedanken ganz klar macht, wer ihn innerlich erlebt, der wird sich auch den folgenden mit dem *richtigen Gefühle* bilden können. Er wird sich sagen: In dem Samenkorn ruht schon auf verborgene Art – als *Kraft* der ganzen Pflanze – das, was später aus ihm herauswächst. In der künstlichen Nachahmung ruht diese Kraft nicht. Und doch sind *für meine Augen* beide gleich. In dem wirklichen Samenkorn ist also etwas *unsichtbar* enthalten, was in der Nachahmung nicht ist. Auf dieses Unsichtbare lenke man nun Gefühl und Gedanken. Man stelle sich vor: Dieses Unsichtbare wird sich später in die sichtbare Pflanze verwandeln, die ich in Gestalt und Farbe vor mir haben werde. Man hänge dem Gedanken nach: *Das Unsichtbare wird sichtbar werden.* Könnte ich nicht *denken,* so könnte sich mir auch nicht schon jetzt ankündigen, was erst später sichtbar werden wird.

Besonders deutlich sei es betont: Was man da denkt, muss man auch intensiv *fühlen.* Man muss in *Ruhe,* ohne alle störenden Beimischungen anderer Gedanken, den einen oben angedeuteten in sich *erleben.* Und man muss sich Zeit lassen, so dass sich der Gedanke und das Gefühl, das sich an ihn knüpft, gleichsam in die Seele einbohren. – Bringt man das in der rechten Weise zustande, dann wird man nach einiger Zeit – vielleicht erst nach vielen Versuchen – eine Kraft in sich verspüren. Und diese Kraft wird eine neue Anschauung erschaffen. Das Samenkorn wird wie in einer kleinen Lichtwolke eingeschlossen erscheinen. Es wird auf sinnlich-geistige Weise als eine Art *Flamme* empfunden werden.

Eine andere Imagination des Unsichtbaren

Eine weitere Übung, die sich an die beschriebene anzuschließen hat, ist die folgende. Man stelle sich einer Pflanze gegenüber, die sich auf der Stufe der vollen Entwickelung befindet. Nun erfülle man sich mit dem Gedanken, dass die Zeit kommen werde, wo diese Pflanze abstirbt. Nichts wird von dem mehr sein, was ich jetzt vor mir sehe. Aber diese Pflanze wird dann Samenkörner aus sich entwickelt haben, die wieder zu neuen Pflanzen werden. Wieder werde ich gewahr, dass in dem, was ich sehe, etwas verborgen ruht, was ich nicht sehe. Ich erfülle mich ganz mit dem Gedanken: Diese Pflanzengestalt mit ihren Farben wird künftig nicht mehr sein. Aber die Vorstellung, dass sie Samen bildet, lehrt mich, dass sie nicht in nichts verschwinden werde. Was sie vor dem Verschwinden bewahrt, kann ich jetzt ebenso wenig mit Augen sehen, wie ich früher die Pflanze im Samenkorn habe sehen können. *Es gibt also in ihr etwas, was ich nicht mit Augen sehe.* Lasse ich diesen Gedanken in mir leben und verbindet sich das entsprechende *Gefühl* in mir mit ihm, dann entwickelt sich wieder, nach angemessener Zeit, in meiner Seele eine Kraft, die zur *neuen Anschauung* wird. Aus der Pflanze wächst wieder eine Art von geistiger *Flammenbildung* heraus. Diese ist natürlich entsprechend größer als die vorhin geschilderte.

GRUNDLEGENDE ÜBUNGEN

Zu den folgenden sechs Übungen

Diese Übungen brauchen nicht gerade je einen Monat gemacht zu werden. Es musste eben überhaupt eine Zeit angegeben werden. Es kommt vor allem darauf an, dass man die Übungen gerade in dieser Reihenfolge macht. Wer die zweite Übung vor der ersten macht, der hat gar keinen Nutzen davon. Denn gerade auf die Reihenfolge kommt es an.

Folgerichtiges Denken

Gedankenkontrolle. Sie besteht darin, dass man wenigstens für kurze Zeiten des Tages nicht alles mögliche durch die Seele irrlichtelieren lässt, sondern einmal Ruhe in seinem Gedankenlaufe eintreten lässt. Man denkt an einen bestimmten Begriff, stellt diesen Begriff in den Mittelpunkt seines Gedankenlebens und reiht hierauf selbst alle Gedanken logisch so aneinander, dass sie sich an diesen Begriff anlehnen. Und wenn das auch nur eine Minute geschieht, so ist es schon von großer Bedeutung für den Rhythmus des physischen und Ätherleibes.

Selbst bestimmtes Handeln

Initiative des Handelns, das heißt, man muss sich zwingen zu wenn auch unbedeutenden, aber aus eigener Initiative entsprungenen Handlungen, zu selbst auferlegten Pflichten. Die meisten Ursachen des Handelns liegen in Familienverhältnissen, in der Erziehung, im Berufe und so weiter. Bedenken Sie nur, wie wenig eigentlich aus der eigenen Initiative hervorgeht! Nun muss man also kurze Zeit darauf verwenden, Handlungen aus der eigenen Initiative hervorgehen zu lassen. Das brauchen durchaus nicht wichtige Dinge zu sein; ganz unbedeutende Handlungen erfüllen denselben Zweck.

Gelassenheit

Das Dritte, um was es sich handelt, kann man nennen *Gelassenheit.* Da lernt man den Zustand des Hin- und Herschwankens zwischen «himmelhoch jauchzend» und «zum Tode betrübt» regulieren. Wer das nicht will, weil er glaubt, dass dadurch seine Ursprünglichkeit im Handeln oder sein künstlerisches Empfinden verloren gehe, der kann eben keine okkulte Entwicklung durchmachen. Gelassenheit heißt, Herr sein in der höchsten Lust und im tiefsten Schmerz. Ja, man wird für die Freuden und Leiden in der Welt erst dann richtig empfänglich, wenn man sich nicht mehr verliert im Schmerz und in der Lust, wenn man nicht mehr egoistisch darin aufgeht. Die größten Künstler haben gerade durch diese Gelassenheit am meisten erreicht, weil sie sich dadurch die Seele aufgeschlossen haben für subtile und innere wichtige Dinge.

Positive Einstellung

Das Vierte ist, was man als *Unbefangenheit* bezeichnen kann. Das ist diejenige Eigenschaft, die in allen Dingen das Gute sieht. Sie geht überall auf das Positive in den Dingen los. Als Beispiel können wir am besten eine persische Legende anführen, die sich an den Christus Jesus knüpft: Der Christus Jesus sah einmal einen krepierten Hund am Wege liegen. Jesus blieb stehen und betrachtete das Tier, die Umstehenden aber wandten sich voll Abscheu weg ob solchen Anblicks. Da sagte der Christus Jesus: Oh, welch wunderschöne Zähne hat das Tier! – Er sah nicht das Schlechte, das Hässliche, sondern fand selbst an diesem eklen Kadaver noch etwas Schönes, die weißen Zähne. Sind wir in dieser Stimmung, dann suchen wir in allen Dingen die positiven Eigenschaften, das Gute, und wir können es überall finden. Das wirkt in ganz mächtiger Weise auf den physischen und Ätherleib ein.

Vorurteilslosigkeit

Das Nächste ist der *Glaube.* Glauben drückt im okkulten Sinne etwas anderes aus, als was man in der gewöhnlichen Sprache darunter versteht. Man soll sich niemals, wenn man in okkulter Entwicklung ist, in seinem Urteil durch seine Vergangenheit die Zukunft bestimmen lassen. Bei der okkulten Entwicklung muss man unter Umständen alles außer acht lassen, was man bisher erlebt hat, um jedem neuen Erleben mit neuem Glauben gegenüberstehen zu können. Das muss der Okkultist bewusst durchführen. Wenn einer zum Beispiel kommt und sagt: Der Turm der Kirche steht schief, er hat sich um 45 Grad geneigt – so würde jeder sagen: Das kann nicht sein. – Der Okkultist muss sich aber noch ein Hintertürchen offen lassen. Ja, er muss so weit gehen, dass er jedes in der Welt Erfolgende, was ihm entgegentritt, glauben kann, sonst verlegt er sich den Weg zu neuen Erfahrungen. Man muss sich frei machen für neue Erfahrungen …

Inneres Gleichgewicht

Und dann folgt als nächste Eigenschaft *inneres Gleichgewicht.* Es bildet sich durch die fünf anderen Eigenschaften nach und nach ganz von selbst heraus. Auf diese sechs Eigenschaften muss der Mensch bedacht sein. Er muss sein Leben in die Hand nehmen und langsam fortschreiten im Sinne des Wortes: Steter Tropfen höhlt den Stein.

Vier weitere Regeln für eine esoterische Schulung

Die folgenden Regeln sollten so aufgefasst werden, dass jeder esoterische Schüler sein Leben womöglich so einrichtet, dass er sich fortwährend beobachtet und lenkt, ob er namentlich in seinem Innern den entsprechenden Forderungen nachlebt. Alle esoterische Schulung, namentlich wenn sie in die höheren Regionen aufsteigt, kann nur zum Unheil und zur Verwirrung des Schülers führen, wenn solche Regeln nicht beobachtet werden. Dagegen braucht niemand vor einer solchen Schulung zurückzuschrecken, wenn er sich bestrebt, im Sinne dieser Regeln zu leben. Dabei braucht er auch nicht zu verzagen, wenn er sich etwa sagen müsste: «Ich erfülle die damit gestellte Forderung ja doch noch sehr schlecht.» Wenn er nur das innerliche ehrliche Bestreben hat, bei seinem ganzen Leben diese Regeln nicht aus dem Auge zu verlieren, so genügt das schon. Doch muss diese Ehrlichkeit vor allen Dingen eine Ehrlichkeit vor sich selbst sein. Gar mancher täuscht sich in dieser Hinsicht. Er sagt: Ich will in reinem Sinne streben. Würde er sich aber näher prüfen, so würde er doch bemerken, dass viel verborgener Egoismus, raffiniertes Persönlichkeitsgefühl im Hintergrunde lauern; solche Gefühle sind es namentlich, die sich sehr oft die Maske des selbstlosen Strebens aufsetzen und den Schüler irreführen. Es kann gar nicht oft genug durch innere Selbstschau ernstlich geprüft werden, ob man nicht dergleichen Gefühle doch im Innern seiner Seele verborgen hat. Man wird von solchen Gefühlen immer mehr durch energische Verfolgung eben der hier zu besprechenden Regeln frei werden. Diese Regeln sind:

Es soll in mein Bewusstsein keine ungeprüfte Vorstellung eingelassen werden.

Es soll die lebendige Verpflichtung vor meiner Seele stehen, die Summe meiner Vorstellungen fortwährend zu vermehren.

Mir wird nur Erkenntnis über diejenigen Dinge, deren Ja und Nein gegenüber ich weder Sympathie noch Antipathie habe.

Es obliegt mir, die Scheu vor dem sogenannten Abstrakten zu überwinden.

Von allen vier Regeln ist diese die schwerste, insbesondere in den Lebensverhältnissen unseres Zeitalters. Das materialistische Denken hat den Menschen in hohem Grade die Fähigkeit genommen, in sinnlichkeitsfreien Begriffen zu denken. Man muss sich bemühen, entweder solche Begriffe recht oft zu denken, welche in der äußeren sinnlichen Wirklichkeit niemals vollkommen, sondern nur annähernd vorhanden sind, zum Beispiel den Begriff des Kreises. Ein vollkommener Kreis ist nirgends vorhanden, er kann nur gedacht werden, aber allen kreisförmigen Gebilden liegt dieser gedachte Kreis als ihr Gesetz zugrunde. Oder man kann ein hohes sittliches Ideal denken; auch dieses kann in seiner Vollkommenheit von keinem Menschen ganz verwirklicht werden, aber es liegt vielen Taten der Menschen zugrunde als ihr Gesetz. Niemand kommt in einer esoterischen Entwicklung vorwärts, der nicht die ganze Bedeutung dieses sogenannten Abstrakten für das Leben einsieht und seine Seele mit den entsprechenden Vorstellungen bereichert.

Den Tag abends im Einzelnen rückwärts durchlaufen

Jeden Abend vor dem Schlafengehen sollen wir unser Tagesleben von rückwärts nach vorwärts durchlaufen. Wie Bilder soll der Tag an uns vorüberziehen. Eines ist wichtig dabei, dass wir nämlich niemals ein Gefühl der Reue aufkommen lassen dürfen. Reue ist immer egoistisch. Wer bereut, wünscht selbst besser gewesen zu sein, er hat einen ganz egoistischen Wunsch. Wir sollen nicht besser gewesen sein wollen, sondern besser werden wollen. Wir sollen lernen aus unserem Tagesleben. Wenn wir etwas schlecht gemacht haben, sollen wir nicht bereuen, sondern denken: Damals konnte ich eben nicht anders handeln, jetzt aber kann ich es besser und will es in Zukunft besser machen. Bei jedem Tageserlebnis sollen wir uns fragen: Hab ich's recht gemacht, hätte ich es nicht besser machen können? Man wird immer finden, dass man's hätte richtiger machen können. Eines ist dabei noch sehr wichtig: dass wir lernen, uns selbst wie eine fremde Person anzusehen, wie wenn wir uns von außen betrachteten und kritisierten. Überhaupt sollen wir eine möglichst klare Vorstellung vom Tagesleben bekommen. Es ist viel wichtiger, sich an kleine Einzelheiten erinnern zu können als an wichtige Begebenheiten. Ein Feldherr, der eine große Schlacht geschlagen hat, hat am Abend gleich das Bild der

Schlacht vor Augen. Das haftet von selbst in seiner Seele. Aber alle kleinen Einzelheiten des Tages, zum Beispiel wie er sich die Stiefel an- und auszog, weiß er nicht mehr. Und darauf kommt es an, dass wir ein möglichst vollständiges Bild des Tages bekommen. Wir sehen uns zum Beispiel über die Straße gehen, suchen uns dabei zu erinnern, wie die Häuserreihen liefen, an welchen Schaufenstern wir vorbeikamen, welche Menschen uns begegneten, wie sie aussahen, wie wir selbst aussahen; dann sehen wir uns in einen Laden gehen und erinnern uns, welche Verkäuferin uns entgegenkam, was sie anhatte, wie sie sprach, sich bewegte etc. Bei solchen kleinen Einzelheiten müssen wir uns stark anstrengen, und das stärkt die Kräfte der Seele.

Man muss nicht denken, dass man dazu eine Stunde brauchen werde. Zuerst wird man sich nur an wenig erinnern und dann allmählich mit großer Mühe an mehr und mehr. Schließlich aber kann man es durch Übung dahin bringen, dass das ganze Tagesleben wie Wandbilder deutlich und mit allen Einzelheiten in fünf Minuten durch die Seele zieht. Aber geduldig muss man streben. Wer die Tagesereignisse nur so obenhin schnell wiederholt, farblos nur registriert, dem nützt diese Übung gar nichts.

Prüfung der eigenen Taten

Ein gutes Mittel, das jeder anwenden kann, um zu größerer Klarheit über seine eigene Persönlichkeit zu gelangen, besteht darin, dass man sich öfter im Leben gewisse Abschnitte macht, mindestens aber einmal in einem Jahr, vielleicht an unserem Geburtstage. Dann sollen wir uns fragen: Was habe ich nun an guten und schlechten Taten im Verlaufe dieses Abschnittes zu verzeichnen? Wenn wir uns dann ernstlich prüfen, werden wir in den meisten Fällen finden, dass unsere guten Taten nicht von unserer Persönlichkeit herrühren, sondern dass wir sie aus einem inneren Impuls heraus geschehen ließen. Dieser innere Impuls ist unser Schutzengel, der uns zu unseren guten Taten treibt. Auf der anderen Seite sollten wir uns nun nicht gänzlich darauf verlassen und bei jeder Gelegenheit denken: Der Schutzengel wird mir den Impuls schon eingeben – denn das wäre ganz verkehrt; der Schutzengel würde uns bald verlassen, das heißt in gewisser Beziehung eben verlassen.

Wenn wir diese Übungen eine Reihe von Jahren fortsetzen, so werden wir erfahren, dass nichts so sehr dazu beiträgt, die Fehler unserer Persönlichkeit zu entdecken und zu verbessern, als dieses Aufzählen unseres Kontos. So werden wir uns allmählich vorbereiten, den okkulten Weg in fruchtbarer Weise zu gehen, indem wir uns immer mehr frei von unserer Persönlichkeit machen, uns in gewisser Beziehung leer machen, damit das Christus-Prinzip in uns einziehen kann in der Weise, wie Paulus sagt: «Nicht ich, der Christus in mir.» – Dieses Sich-Erfüllen mit dem Christus-Prinzip befreit unsere Persönlichkeit vom Egoismus und führt zur Anschauung des Höchsten.

Leitworte für jeden Monat (Monatstugenden)

Fangen Sie mit dem Üben einer Tugend immer am 21. des vorigen Monats an und üben Sie dieselbe bis zum übernächsten 1., so dass man also üben muss: Devotion vom 21. März bis zum 1. Mai, usw. Die Überschneidungen mit den Angaben der Daten im Tierkreis sollen hierbei nicht in Betracht kommen. Man übe eben im April Devotion usw. und beginnt wie gesagt immer am 21. des vorigen Monats.

Widder	April	Ehrfurcht	wird zu Opferkraft
Stier	Mai	(Inneres) Gleichgewicht	wird zu Fortschritt
Zwillinge	Juni	Ausdauer (Durchhaltekraft, Standhaftigkeit)	wird zu Treue
Krebs	Juli	Selbstlosigkeit	wird zu Katharsis
Löwe	August	Mitleid	wird zu Freiheit
Jungfrau	September	Höflichkeit	wird zu Herzenstakt

Waage	Oktober	Zufriedenheit	wird zu Gelassenheit
Skorpion	November	Geduld	wird zu Einsicht
Schütze	Dezember	Gedankenkontrolle (Kontrolle der Sprache – Beherrschung der Zunge)	wird zu Wahrheitsempfinden
Steinbock	Januar	Mut	wird zu Erlöserkraft
Wassermann	Februar	Diskretion (Verschwiegenheit)	wird zu Meditationskraft
Fische	März	Großmut	wird zu Liebe

MEDITIEREN

Nüchternheit als Voraussetzung

Der Mensch darf während all dieser Übungen nie die volle *bewusste* Herrschaft über sich selbst verlieren. So sicher, wie er über die Dinge und Vorgänge des Alltagslebens denkt, so muss er auch hier denken. Schlimm wäre es, wenn er in Träumerei verfiele. Verstandesklar, um nicht zu sagen: nüchtern, muss er in jedem Augenblicke bleiben. Und der größte Fehler wäre gemacht, wenn der Mensch durch solche Übungen sein Gleichgewicht verlöre, wenn er abgehalten würde, so gesund und klar über die Dinge des Alltagslebens zu urteilen, wie er das vorher getan hat. Immer wieder soll sich der Geheimschüler daher prüfen, ob er nicht etwa aus seinem Gleichgewicht herausgefallen ist, ob er *derselbe* geblieben ist innerhalb der Verhältnisse, in denen er lebt. Festes Ruhen in sich selbst, klarer Sinn für alles, das muss er sich bewahren.

Gedanken denken – Gedanken leben

Außer der Meditation: Nachdenken
In der Meditation: mit dem kontemplativen Gedanken leben.

Grundstimmung der Achtsamkeit

Jeder Augenblick, in dem man sich hinsetzt, um gewahr zu werden in seinem Bewusstsein, was in einem steckt an abfälligen, richtenden, kritischen Urteilen über Welt und Leben: – jeder solche Augenblick bringt uns der höheren Erkenntnis näher. Und wir steigen rasch auf, wenn wir in solchen Augenblicken unser Bewusstsein nur erfüllen mit Gedanken, die uns mit Bewunderung, Achtung, Verehrung gegenüber Welt und Leben erfüllen. Wer in diesen Dingen Erfahrung hat, der weiß, dass in jedem solchen Augenblicke Kräfte in dem Menschen erweckt werden, die sonst schlummernd bleiben. Es werden *dadurch* dem Menschen die geistigen Augen geöffnet. Er fängt dadurch an, Dinge um sich herum zu sehen, die er früher nicht hat sehen können. Er fängt an zu begreifen, dass er vorher nur einen Teil der ihn umgebenden Welt gesehen hat. Der Mensch, der ihm gegenübertritt, zeigt ihm jetzt eine ganz andere Gestalt als vorher.

Erlebnisse in der Stille nachklingen lassen

Wirksamer noch wird das, was durch die Devotion zu erreichen ist, wenn eine andere Gefühlsart hinzukommt.

Sie besteht darinnen, dass der Mensch lernt, sich immer weniger den Eindrücken der Außenwelt hinzugeben, und dafür ein reges Innenleben entwickelt. … Der Geheimschüler wird darauf verwiesen, sich Augenblicke in seinem Leben zu schaffen, in denen er still und einsam sich in sich selbst versenkt. Nicht den Angelegenheiten seines eigenen Ich aber soll er sich in solchen Augenblicken hingeben. Das würde das Gegenteil von dem bewirken, was beabsichtigt ist. Er soll vielmehr in solchen Augenblicken in aller Stille nachklingen lassen, was er erlebt hat, was ihm die äußere Welt gesagt hat. Jede Blume, jedes Tier, jede Handlung wird ihm in solchen stillen Augenblicken ungeahnte Geheimnisse enthüllen. Und er wird vorbereitet dadurch, neue Eindrücke der Außenwelt mit ganz anderen Augen zu sehen als vorher.

Innere Ruhe

Schaffe dir Augenblicke innerer *Ruhe* und lerne in diesen Augenblicken *das Wesentliche von dem Unwesentlichen unterscheiden. …*

Der Geheimschüler hat sich eine kurze Zeit von seinem täglichen Leben auszusondern, um sich in dieser Zeit mit etwas ganz anderem zu befassen, als die Gegenstände seiner täglichen Beschäftigung sind. Und auch die Art seiner Beschäftigung muss eine ganz andere sein als diejenige, mit der er den übrigen Tag ausfüllt. Das ist aber nicht so zu verstehen, als ob dasjenige, was er in dieser ausgesonderten Zeit vollbringt, nichts zu tun habe mit dem Inhalt seiner täglichen Arbeit. Im Gegenteil: Der Mensch, der solche abgesonderten Augenblicke in der *rechten* Art sucht, wird bald bemerken, dass er durch sie erst die volle Kraft zu seiner Tagesaufgabe erhält. Auch darf nicht geglaubt werden, dass die Beobachtung dieser Regel jemandem wirklich Zeit von seiner Pflichtenleistung entziehen könne. *Wenn jemand wirklich nicht mehr Zeit zur Verfügung haben sollte,* so genügen *fünf Minuten* jeden Tag. Es kommt darauf an, wie diese fünf Minuten angewendet werden.

In dieser Zeit soll der Mensch sich vollständig herausreißen aus seinem Alltagsleben. Sein Gedanken-, sein Gefühlsleben soll da eine andere Färbung erhalten, als sie sonst haben. Er soll seine Freuden, seine Leiden, seine Sorgen, seine Erfahrungen, seine Taten vor seiner Seele vorbeiziehen lassen. ... Was man in den ausgesonderten Augenblicken anzustreben hat, ist nun, die eigenen Erlebnisse und Taten so anzuschauen, so zu beurteilen, als ob man sie nicht selbst, sondern als ob sie ein anderer erlebt oder getan hätte. ... Der Geheimschüler muss die Kraft suchen, sich selbst in gewissen Zeiten wie ein Fremder gegenüberzustehen. Mit der *inneren Ruhe* des Beurteilers muss er sich selbst entgegentreten. Erreicht man das, dann zeigen sich einem die eigenen Erlebnisse in einem neuen Lichte. Solange man in sie verwoben ist, solange man in ihnen steht, hängt man mit dem Unwesentlichen ebenso zusammen wie mit dem Wesentlichen. Kommt man zur *inneren Ruhe* des Überblicks, dann sondert sich das Wesentliche von dem Unwesentlichen. Kummer und Freude, jeder Gedanke, jeder Entschluss erscheinen anders, wenn man sich so selbst gegenübersteht. ... Der Wert solcher inneren, ruhigen Selbstschau hängt viel weniger davon ab, *was* man dabei erschaut, als vielmehr davon, dass man in sich die *Kraft* findet, die solche innere Ruhe entwickelt.

Wirkung der inneren Ruhe

Die Ruhe der ausgesonderten Augenblicke wird ihre Wirkung auch auf den Alltag haben. Der ganze Mensch wird ruhiger werden, wird Sicherheit bei all seinen Handlungen gewinnen, wird nicht mehr aus der Fassung gebracht werden können durch alle möglichen Zwischenfälle. Allmählich wird sich solch angehender Geheimschüler sozusagen immer mehr selbst leiten und weniger von den Umständen und äußeren Einflüssen leiten lassen. Ein solcher Mensch wird bald bemerken, was für eine Kraftquelle solche ausgesonderte Zeitabschnitte für ihn sind. Er wird anfangen, sich über Dinge nicht mehr zu ärgern, über die er sich vorher geärgert hat; unzählige Dinge, die er vorher gefürchtet hat, hören auf, ihm Befürchtungen zu machen. Eine ganz neue Lebensauffassung eignet er sich an. Vorher ging er vielleicht zaghaft an diese oder jene Verrichtung. Er sagte sich: O, meine Kraft reicht nicht aus, dies so zu machen, wie ich es gerne gemacht hätte. Jetzt kommt ihm nicht mehr dieser Gedanke, sondern vielmehr ein ganz anderer. Nunmehr sagt er sich nämlich: Ich will alle Kraft zusammennehmen, um meine Sache so gut zu machen, als ich nur irgend kann. Und den Gedanken, der ihn zaghaft machen könnte, unterdrückt er.

Kontemplation

Es muss dazu noch etwas anderes kommen. Wenn sich nämlich der Mensch auch selbst als ein Fremder gegenübersteht, so betrachtet er doch nur *sich selbst;* er sieht auf diejenigen Erlebnisse und Handlungen, mit denen er durch seine besondere Lebenslage verwachsen ist. Er muss darüber hinauskommen. Er muss sich erheben zu einem *rein* Menschlichen, das nichts mehr mit seiner besonderen Lage zu tun hat. Er muss zu einer Betrachtung derjenigen Dinge übergehen, die ihn als Mensch etwas angingen, auch wenn er unter ganz anderen Verhältnissen, in einer ganz anderen Lage lebte. Dadurch lebt in ihm etwas auf, was über das Persönliche hinausragt. Er richtet damit den Blick *in höhere Welten,* als diejenigen sind, mit denen ihn der Alltag zusammenführt. Und damit beginnt der Mensch zu fühlen, zu erleben, dass er solchen höheren Welten angehört. Es sind das Welten, über die ihm seine Sinne, seine alltägliche Beschäftigung nichts sagen können. So erst verlegt er den Mittelpunkt seines Wesens in sein Inneres. Er hört auf die Stimmen in seinem Innern, die in den Augenblicken der Ruhe zu ihm sprechen; er pflegt im Innern Umgang mit der geistigen Welt. Er ist dem Alltag entrückt. Der Lärm dieses Alltags ist für ihn verstummt. Es ist *um ihn herum* still geworden. Er weist alles ab, was um ihn herum ist; ja er weist auch alles ab, was ihn an solche Eindrücke von außen erinnert. Die *ruhige Beschaulichkeit* im Innern, die Zwiesprache mit der rein geistigen Welt füllt seine ganze Seele aus.

Das innere Wort

Ein natürliches Lebensbedürfnis muss dem Geheimschüler solche stille Beschaulichkeit werden. Er ist zunächst ganz in eine Gedankenwelt versenkt. Er muss für diese stille Gedankentätigkeit ein *lebendiges Gefühl* entwickeln. Er muss *lieben* lernen, was ihm der Geist da zuströmt. Bald hört er dann auch auf, diese Gedankenwelt als etwas zu empfinden, was unwirklicher sei als die Dinge des Alltags, die ihn umgeben. Er fängt an, mit seinen Gedanken umzugehen wie mit den Dingen im Raume. Und dann naht für ihn auch der Augenblick, in dem er das, was sich ihm in der Stille innerer Gedankenarbeit offenbart, als viel höher, wirklicher zu fühlen beginnt als die Dinge im Raume. Er erfährt, dass sich *Leben* in dieser Gedankenwelt ausspricht. Er sieht ein, dass sich in Gedanken nicht bloße Schattenbilder ausleben, sondern, dass durch sie verborgene *Wesenheiten* zu ihm sprechen. Es fängt an, aus der Stille heraus zu ihm zu sprechen. Vorher hat es nur durch sein Ohr zu ihm getönt; jetzt tönt es durch seine Seele. Eine innere Sprache – ein inneres Wort – hat sich ihm erschlossen. Beseligt im höchsten Grade fühlt sich der Geheimschüler, wenn er diesen Augenblick zum ersten Male erlebt. Über seine ganze äußere Welt ergießt sich ein inneres Licht. Ein zweites Leben beginnt für ihn. Der Strom einer göttlichen, einer gottbeseligenden Welt ergießt sich durch ihn.

Meditieren geistiger Inhalte

Aber nicht schwelgen in Gefühlen soll der Geheimschüler in solchen Augenblicken. Er soll nicht unbestimmte Empfindungen in seiner Seele haben. Das würde ihn nur hindern, zu wahrer geistiger Erkenntnis zu kommen. Klar, scharf, bestimmt sollen sich seine Gedanken gestalten. Dazu wird er einen Anhalt finden, wenn er sich nicht blind an die Gedanken hält, die ihm aufsteigen. Er soll sich vielmehr mit den hohen Gedanken durchdringen, welche vorgeschrittene, schon vom Geist erfasste Menschen in solchen Augenblicken gedacht haben. Er soll zum Ausgangspunkte die Schriften nehmen, die selbst solcher Offenbarung in der Meditation entsprossen sind. In der mystischen, in der gnostischen, in der geisteswissenschaftlichen Literatur von heute findet der Geheimschüler solche Schriften. Da ergeben sich ihm die Stoffe zu seiner Meditation. Die Geistsucher haben selbst in solchen Schriften die Gedanken der göttlichen Wissenschaft niedergelegt; der Geist hat durch seine Boten sie der Welt verkündigen lassen.

Wie meditieren?

Als moderner Mensch haben Sie jedem Satz gegenüber das Gefühl, Sie müssen ihn verstehen. Das ist eine ausgesprochene Tätigkeit des Ich in der gegenwärtigen Inkarnation. Alles dasjenige, was Sie intellektuell tun, ist eine ausgesprochene Betätigung des Ich. Der Intellekt ist in der gegenwärtigen Inkarnation und alles übrige ist vom Ich zugedeckt, wirkt höchstens traumhaft hinauf und ist unbewusst. Dagegen heißt nun meditieren: ausschalten dieses intellektuelle Streben und den Meditationsinhalt zunächst so nehmen, wie er gegeben ist, rein, ich möchte sagen zunächst dem Wortlaute nach, so dass Sie, wenn

Sie intellektuell an den Meditationsinhalt herangehen, bevor Sie den Meditationsinhalt in sich aufnehmen, Ihr Ich in Bewegung bringen, denn Sie denken nach über den Meditationsinhalt, Sie haben ihn außer sich. Wenn Sie den Meditationsinhalt, einfach wie er gegeben ist, in Ihrem Bewusstsein anwesend sein lassen, gar nicht nachdenken, sondern im Bewusstsein anwesend sein lassen, dann arbeitet in Ihnen nicht Ihr Ich aus der gegenwärtigen Inkarnation, sondern das aus der vergangenen. Sie halten stille den Intellekt; Sie versetzen sich einfach in den Wortinhalt, den Sie innerlich, nicht äußerlich hören, als Wortinhalt hören. In das versetzen Sie sich, und indem Sie sich in das versetzen, arbeitet im Meditationsinhalt Ihr innerer Mensch, der nicht derjenige ist der gegenwärtigen Inkarnation. Dadurch aber wird der Meditationsinhalt nicht zu etwas, was Sie verstehen sollen, sondern das real in Ihnen wirkt und so real in Ihnen arbeitet, dass Sie zuletzt gewahr werden, jetzt habe ich etwas erlebt, was ich früher nicht erleben konnte. Nehmen Sie einen einfachen Meditationsinhalt, den ich oftmals gegeben habe: «Weisheit lebt im Licht.» Nun, nicht wahr, wenn man darüber nachdenkt, kann man darüber furchtbar viel Gescheites, aber ebensoviel furchtbar Törichtes herausbekommen. Er ist da, um innerlich gehört zu werden: «Weisheit lebt im Licht.» Da passt in Ihnen auf, wenn Sie ihn so innerlich hören, dasjenige, was da ist, nicht aus der gegenwärtigen Inkarnation, sondern dasjenige, was Sie sich mitgebracht haben aus früheren Erdenleben. Und das denkt und das empfindet, und es leuchtet auf nach einiger Zeit in Ihnen etwas, was Sie früher nicht gewusst haben, was Sie auch nicht aus Ihrem eigenen Intellekt heraus denken können. Sie sind innerlich viel weiter als Ihr Intellekt ist. Der enthält nur einen kleinen Ausschnitt dessen, was da ist.

Rosenkreuz-Meditation

Man gelangt zu einem Erfassen dieser Versenkung in eine Vorstellung, wenn man sich erst einmal den *Begriff der Erinnerung* vor die Seele ruft. Hat man das Auge z. B. auf einen Baum gerichtet und wendet man sich dann von dem Baume ab, so dass man ihn nicht mehr sehen kann, so vermag man die Vorstellung des Baumes aus der Erinnerung in der Seele wieder zu erwecken. Diese Vorstellung des Baumes, die man hat, wenn derselbe nicht dem Auge gegenübersteht, ist eine *Erinnerung* an den Baum. Nun denke man sich, man behalte diese Erinnerung in der Seele; man lasse die Seele gleichsam auf der Erinnerungsvorstellung ruhen; man bemühe sich, alle andern Vorstellungen dabei auszuschließen. Dann ist die Seele in die Erinnerungsvorstellung des Baumes *versenkt*. Man hat es dann mit einer Versenkung der Seele in eine Vorstellung zu tun; doch ist diese Vorstellung das Abbild eines durch die Sinne wahrgenommenen Dinges. Wenn man aber dasselbe vornimmt mit einer durch freien Willen in das Bewusstsein versetzten Vorstellung, so wird man nach und nach die Wirkung erzielen können, auf welche es ankommt.

Es soll nur ein Beispiel der inneren Versenkung mit einer sinnbildlichen Vorstellung veranschaulicht werden. Zunächst muss eine solche Vorstellung erst in der Seele aufgebaut werden. Das kann in folgender Art geschehen: Man stelle sich eine Pflanze vor, wie sie im Boden wurzelt, wie sie Blatt nach Blatt treibt, wie sie sich zur Blüte entfaltet. Und nun denke man sich neben diese Pflanze einen Menschen hingestellt. Man mache den Gedanken in seiner Seele lebendig, wie der Mensch Eigenschaften und Fähigkeiten hat, welche denen der Pflanze gegenüber vollkommener genannt werden können. Man bedenke, wie er sich seinen Gefühlen und seinem Willen gemäß da und dorthin begeben kann, während die Pflanze an den Boden gefesselt ist. Nun aber sage man sich auch: Ja, gewiss ist der Mensch vollkommener als die Pflanze; aber mir treten dafür auch an ihm Eigenschaften entgegen, welche ich an der Pflanze nicht wahrnehme und durch deren Nichtvorhandensein sie mir in gewisser Hinsicht vollkommener als der Mensch erscheinen kann. Der Mensch ist erfüllt von Begierden und Leidenschaften; diesen folgt er bei seinem Verhalten. Ich kann bei ihm von Verirrungen durch seine Triebe und Leidenschaften sprechen. Bei der Pflanze sehe ich, wie sie den reinen Gesetzen des Wachstums folgt von Blatt zu Blatt, wie sie die Blüte leidenschaftslos dem keuschen Sonnenstrahl öffnet. Ich kann mir sagen: Der Mensch hat eine gewisse Vollkommenheit vor der Pflanze voraus; aber er hat diese Vollkommenheit dadurch erkauft, dass er zu den mir rein erscheinenden Kräften der Pflanze in seinem Wesen hat hinzutreten lassen Triebe, Begierden und Leidenschaften. Ich stelle mir nun vor, dass der grüne Farbensaft durch die Pflanze fließt und dass dieser der Ausdruck ist für die reinen leidenschaftslosen Wachstumsgesetze. Und dann stelle ich mir vor, wie das rote Blut durch die Adern des Menschen fließt und wie dieses der Ausdruck ist für die Triebe, Begierden und Leidenschaften. Das alles lasse ich als einen lebhaften Gedanken in meiner Seele erstehen. Dann stelle ich mir weiter vor, wie der Mensch entwicklungsfähig ist; wie er seine Triebe und Leidenschaften durch seine höheren Seelenfähigkeiten läutern und reinigen kann. Ich denke mir, wie dadurch ein Niederes in diesen Trieben und Leidenschaften vernichtet wird und diese auf einer höheren Stufe wiedergeboren werden. Dann wird das Blut vorgestellt werden dürfen als der Ausdruck der gereinigten und geläuterten Triebe und Leidenschaften. Ich blicke nun z. B. im Geiste auf die Rose und sage mir: In dem roten Rosensaft sehe ich die Farbe des grünen Pflanzensaftes umgewandelt in das Rot; und die rote Rose folgt wie das grüne Blatt den reinen, leidenschaftslosen Gesetzen des Wachstums. Das Rot der Rose möge mir nun werden das Sinnbild eines solchen Blutes, das der Ausdruck ist von geläuterten Trieben und Leidenschaften, welche das Niedere abgestreift haben und in ihrer Reinheit gleichen den Kräften, welche in der roten Rose wirken. Ich versuche nun, solche Gedanken nicht nur in meinem Verstande zu verarbeiten, sondern in meiner Empfindung lebendig werden zu lassen. Ich kann eine beseligende Empfindung haben, wenn ich die Reinheit und Leidenschaftslosigkeit der wachsenden Pflanze mir vorstelle; ich kann das Gefühl in mir erzeugen, wie gewisse höhere Vollkommenheiten erkauft werden müssen durch die Erwerbung der Triebe und Begierden. Das kann die Beseligung, die ich vorher empfunden habe, in ein ernstes Gefühl verwandeln; und dann kann ein Gefühl eines befreienden Glückes in mir sich regen, wenn ich mich hingebe dem Gedanken an das rote Blut, das Träger werden kann von innerlich reinen Erlebnissen wie der rote Saft der Rose. Es kommt darauf an, dass man nicht gefühllos sich den Gedanken gegenüberstelle, welche zum Aufbau einer sinnbildlichen Vorstellung dienen. Nachdem man sich in solchen Gedanken und Gefühlen ergangen hat, verwandle man sich dieselben in folgende sinnbildliche Vorstellung. Man stelle sich ein schwarzes Kreuz vor. Dieses sei *Sinnbild* für das vernichtete Niedere der Triebe und Leidenschaften; und da, wo sich die Balken des Kreuzes schneiden, denke man sich sieben rote, strahlende Rosen im Kreise angeordnet. Diese Rosen seien das *Sinnbild* für ein Blut, das Ausdruck ist für geläuterte, gereinigte Leidenschaften und Triebe. Eine solche sinnbildliche Vorstellung soll es nun sein, die man sich in der Art vor die Seele ruft, wie es oben an einer Erinnerungsvorstellung veranschaulicht ist. Eine solche Vorstellung hat eine seelenweckende Kraft, wenn man sich in innerlicher Versenkung ihr hingibt. Jede andere Vorstellung muss man versuchen während der Versenkung auszuschließen. Lediglich das charakterisierte Sinnbild soll im Geiste vor der Seele schweben, so lebhaft als dies möglich ist. – Es ist nicht bedeutungslos, dass dieses Sinnbild nicht einfach als eine weckende Vorstellung hier angeführt worden ist, sondern dass es erst durch gewisse Vorstellungen über Pflanze und Mensch aufgebaut worden ist. Denn es hängt die Wirkung eines solchen Sinnbildes davon ab, dass man es sich in der geschilderten Art zusammengestellt hat, bevor man es zur inneren Versenkung verwendet. Stellt man es sich vor, ohne einen solchen Aufbau erst in der eigenen Seele durchgemacht zu haben, so bleibt es kalt und viel unwirksamer, als wenn es durch die Vorbereitung seine seelenbeleuchtende Kraft erhalten hat. Während der Versenkung soll man jedoch sich alle die vorbereitenden Gedanken nicht in die Seele rufen, sondern lediglich das Bild lebhaft vor sich im Geiste schweben haben und dabei *jene Empfindung* mitschwingen lassen, die sich als Ergebnis durch die vorbereitenden Gedanken eingestellt hat. So wird das Sinnbild zum Zeichen neben dem Empfindungserlebnis. Und in dem Verweilen der Seele in diesem Erlebnis liegt das Wirksame. Je länger man verweilen kann, ohne dass eine störende andere Vorstellung sich einmischt, desto wirksamer ist der ganze Vorgang. Jedoch ist es gut, wenn man sich außer der Zeit, welche man der eigentlichen Versenkung widmet, öfters durch Gedanken und Gefühle der oben geschilderten Art den Aufbau des Bildes wiederholt, damit die Empfindung nicht verblasse. Je mehr Geduld man zu einer solchen Erneuerung hat, desto bedeutsamer ist das Bild für die Seele. …

Ein solches Sinnbild, wie es hier geschildert ist, bildet kein äußeres Ding oder Wesen, das durch die Natur hervorgebracht wird, ab. Aber eben gerade dadurch hat es seine weckende Kraft für gewisse rein seelische Fähigkeiten.

Fülle und Leere

Zweierlei wird uns aufgegeben: Erstens: sich erfüllen mit dem Inhalt der Meditation, ganz die Seele damit durchdringen. Zweitens die Seele dann wieder ganz leer machen von dem Inhalt der Meditation. Sie bleibt dann nicht leer, sondern es strömt ein in sie die geistige Welt, und das weiß der Schüler von dem Moment an, wenn alles Subjektive bei ihm überwunden ist. Aber nur dann ist es die wahre geistige Welt, denn sonst kann er betrogener Betrüger werden. … Im Okkultismus ist Wahrhaftigkeit eine unbedingt notwendige Bedingung. Nicht nur glauben, dass etwas wahr ist, darf man, sondern untersuchen muss man vorher erst, dann erst darf man etwas darüber aussagen.

MEDITATIONEN

Für die Tage der Woche – Der achtgliedrige Pfad

Der Mensch muss auf gewisse Seelenvorgänge Aufmerksamkeit und Sorgfalt verwenden, die er gewöhnlich sorglos und unaufmerksam ausführt. Es gibt acht solche Vorgänge.

Es ist natürlich am besten, auf einmal *nur eine* Übung vorzunehmen, zum Beispiel während acht oder vierzehn Tagen, dann die zweite usw., dann wieder von vorne anfangen. Übung acht kann indessen am besten täglich gemacht werden. Man erreicht dann nach und nach richtige Selbsterkenntnis und sieht auch, welche Fortschritte man gemacht hat. Später kann dann vielleicht – mit Samstag beginnend – täglich eine Übung vorgenommen werden neben der achten, zirka fünf Minuten dauernden, so dass dann jeweils auf denselben Tag die nämliche Übung fällt. Also Samstags die Gedankenübung, Sonntags die Entschlüsse, Montags das Reden, Dienstags das Handeln, Mittwochs die Taten usw.

Samstag: Wesentliches von Unwesentlichem trennen

Auf seine *Vorstellungen* (Gedanken) achten. Nur bedeutsame Gedanken denken. Nach und nach lernen, in seinen Gedanken das Wesentliche vom Unwesentlichen, das Ewige vom Vergänglichen, die Wahrheit von der bloßen Meinung zu scheiden.

Beim Zuhören der Reden der Mitmenschen versuchen, ganz still zu werden in seinem Innern und auf alle Zustimmung, namentlich alles abfällige Urteilen (Kritisieren, Ablehnen), auch in Gedanken und Gefühlen, zu verzichten.

Dies ist die sogenannte

«richtige Meinung».

Sonntag: Wohl überlegt handeln

Nur aus begründeter voller Überlegung heraus selbst zu dem Unbedeutendsten sich *entschließen*. Alles gedankenlose Handeln, alles bedeutungslose Tun soll von der Seele ferngehalten werden. Zu allem soll man stets wohlerwogene Gründe haben. Und man soll unbedingt unterlassen, wozu kein bedeutsamer Grund drängt.

Ist man von der Richtigkeit eines gefassten Entschlusses überzeugt, so soll auch daran festgehalten werden in innerer Standhaftigkeit.

Dies ist das sogenannte

«richtige Urteil»,

das nicht von Sympathie und Antipathie abhängig gemacht wird.

Montag: Bedacht reden

Das Reden. Nur was Sinn und Bedeutung hat, soll von den Lippen desjenigen kommen, der eine höhere Entwicklung anstrebt. Alles Reden um des Redens willen – zum Beispiel zum Zeitvertreib – ist in diesem Sinne schädlich.

Die gewöhnliche Art der Unterhaltung, wo alles bunt durcheinander geredet wird, soll vermieden werden; dabei darf man sich nicht etwa ausschließen vom Verkehr mit seinen Mitmenschen. Gerade im Verkehr soll das Reden nach und nach zur Bedeutsamkeit sich entwickeln. Man steht jedem Rede und Antwort, doch gedankenvoll, nach jeder Richtung hin überlegt. Niemals ohne Grund reden! Gerne schweigen. Man versuche, nicht zu viel und nicht zu wenig Worte zu machen. Zuerst ruhig hinhören und dann verarbeiten.

Man heißt diese Übung auch:

«das richtige Wort».

Dienstag: Rücksichtsvoll tätig sein

Die äußeren Handlungen. Diese sollen nicht störend sein für unsere Mitmenschen. Wo man durch sein Inneres

(Gewissen) veranlasst wird zu handeln, sorgfältig erwägen, wie man der Veranlassung für das Wohl des Ganzen, das dauernde Glück der Mitmenschen, das Ewige, am besten entsprechen könne.

Wo man aus sich heraus handelt – aus eigener Initiative –, die Wirkungen seiner Handlungsweise im voraus auf das Gründlichste erwägen.

Man nennt das auch

«die richtige Tat».

Mittwoch: Wesentlich werden

Die Einrichtung des Lebens. Natur- und geistgemäß leben, nicht im äußeren Tand des Lebens aufgehen. Alles vermeiden, was Unruhe und Hast ins Leben bringt.

Nichts überhasten, aber auch nicht träge sein. Das Leben als ein Mittel zur Arbeit, zur Höherentwicklung betrachten und demgemäß handeln.

Man spricht in dieser Beziehung auch vom

«richtigen Standpunkt».

Donnerstag: Sich hohe Ziele stellen

Das menschliche Streben. Man achte darauf, nichts zu tun, was außerhalb seiner Kräfte liegt, aber auch nichts zu unterlassen, was innerhalb derselben sich befindet.

Über das Alltägliche, Augenblickliche hinausblicken und sich Ziele (Ideale) stellen, die mit den höchsten Pflichten eines Menschen zusammenhängen, zum Beispiel deshalb im Sinne der angegebenen Übungen sich entwickeln wollen, um seinen Mitmenschen nachher um so mehr helfen und raten zu können, wenn vielleicht auch nicht gerade in der allernächsten Zukunft.

Man kann das Gesagte auch zusammenfassen in:

*«Alle vorangegangenen Übungen
zur Gewohnheit werden lassen».*

Freitag: Immerfort lernen

Das Streben, möglichst viel vom *Leben zu lernen.*

Nichts geht an uns vorüber, das nicht Anlass gibt, Erfahrungen zu sammeln, die nützlich sind für das Leben. Hat man etwas unrichtig oder unvollkommen getan, so wird das ein Anlass, ähnliches später richtig oder vollkommen zu machen.

Sieht man andere handeln, so beobachtet man sie zu einem ähnlichen Ziele (doch nicht mit lieblosen Blicken). Und man tut nichts, ohne auf Erlebnisse zurückzublicken, die einem eine Hilfe sein können bei seinen Entscheidungen und Verrichtungen.

Man kann von jedem Menschen, auch von Kindern, viel lernen, wenn man aufpasst.

Man nennt diese Übung auch

«das richtige Gedächtnis»,

das heißt sich erinnern an das Gelernte, an die gemachten Erfahrungen.

Zusammenfassung: Sich selber prüfen

Von Zeit zu Zeit Blicke in sein Inneres tun, wenn auch nur fünf Minuten täglich zur selben Zeit. Dabei soll man sich in sich selbst versenken, sorgsam mit sich zu Rate gehen, seine Lebensgrundsätze prüfen und bilden, seine Kenntnisse – oder auch das Gegenteil – in Gedanken durchlaufen, seine Pflichten erwägen, über den Inhalt und den wahren Zweck des Lebens nachdenken, über seine eigenen Fehler und Unvollkommenheiten ein ernstliches Missfallen haben, mit einem Wort: das Wesentliche, das Bleibende herauszufinden trachten und sich entsprechende Ziele, zum Beispiel zu erwerbende Tugenden, ernsthaft vornehmen. (Nicht in den Fehler verfallen und denken, man hätte irgend etwas gut gemacht, sondern immer weiter streben, den höchsten Vorbildern nach.)

Man nennt diese Übung auch

«die richtige Beschaulichkeit».

Meditationssprüche

Urselbst, von dem wir ausgegangen sind,
Urselbst, welches in allen Dingen lebt,
Zu dir, du höheres Selbst, kehren wir zurück.

*

Strahlender als die Sonne
Reiner als der Schnee
Feiner als der Äther
Ist das Selbst
Der Geist in meinem Herzen
Dies Selbst bin «Ich»; «Ich» bin dies Selbst.

*

Erkenne dich selbst.
Erkenne die Welt an deinem Innern.
Erkenne dich im Strome der Welt.

*

Das Ich ist alle Wesen
Alle Wesen sind das Ich

Das Ich empfängt der Wesen Offenbarung
Der Wesen Offenbarung strahlt aus dem Ich

Das Ich hat in sich der Wesen Wirkung
Der Wesen Wirkung wird überwunden vom Ich

Das Ich ist geboren aus überwundener Wirkung
Die überwundene Wirkung löst sich vom Ich.

*

Erkenne dich selbst
Und du findest die Geheimnisse der Welt;
Beschaue die Welt
Und du findest die Geheimnisse des Selbst.

*

1. Ruhe breite sich aus in meinem ganzen Seelenbereiche.
2. Dankbar nehme ich auf, was der Geist mir offenbaren will.
3. Gelassen möge ich sein können, auf dass Karma aus dem anschauend-Erlebten gestaltet, was durch mich werden soll.

Ich denke meine Gedanken.
Und ich bin ein Gedanke, der von den Hierarchien des Kosmos gedacht wird

*

Sich konzentrieren auf:

linken Fuß	:	*Standhaft* stell ich mich ins Dasein
rechten Fuß	:	*Sicher* schreit ich die Lebensbahn
linke Hand	:	*Liebe* heg ich im Wesenskern
rechte Hand	:	*Hoffnung* leg ich in alles Tun
Herz	:	*Ruhe* führet mich ans Ziel
		Ruhe führte mich ins Dasein
Kopf	:	*Weisheit* such ich in allem Denken

*

Abends: In mir ist Gott
Morgens: Ich bin in Gott

*

Ich ruhe in der Gottheit der Welt
Ich will leben in der Seele der Welt
Ich will denken im Geiste der Welt.

Beispiele einer Meditationsgestaltung

Morgenmeditation und abendliche Rückschau

Morgens früh, bald nach dem Erwachen, wenn noch keine anderen Eindrücke durch die Seele gezogen sind, ist eine Meditationsübung zu machen. Man muss alle Aufmerksamkeit von äußeren Eindrücken ablenken – man ist dann ganz still und innerlich friedvoll in der Seele. Für diese Zeit müssen auch alle Erinnerungen an das alltägliche Leben schweigen und insbesondere alle Sorgen und Bekümmernisse des Lebens müssen für die Zeit der Konzentration aus der Seele verschwinden. – Damit die Konzentration leichter erreicht werden kann, denke man zuerst an eine einzige Vorstellung z. B. *Ruhe;* dann wenn man es erreicht hat, das ganze Bewusstsein auf diese einzige Vorstellung zu konzentrieren, lasse man auch diese Vorstellung aus dem Bewusstsein verschwinden und in der Seele dann durch 5 Minuten *nur* die folgenden 7 Zeilen leben:

In den reinen Strahlen des Lichts
Erglänzt die Gottheit der Welt
In der reinen Liebe zu allen Wesen
Erstrahlt die Göttlichkeit meiner Seele
Ich ruhe in der Gottheit der Welt
Ich werde mich selbst finden
In der Gottheit der Welt. –

Dann 5 Minuten sich versenken in *eine* Vorstellung:

im 1. Monat: *Selbstvertrauen*
im 2. Monat: *Selbstbeherrschung*
im 3. Monat: *Beharrlichkeit*

Dann 5 Minuten: Versenkung devotionell (andächtig) in Ihr eigenes göttliches Ideal.

Abends vor dem Einschlafen:

Rückschau auf Tageserlebnisse und Tagestaten. Ohne Reue. Nur mit der Tendenz, vom Leben zu lernen. Von Rückwärts nach vorn. –

Ausführliche Morgenmeditation

Morgens früh, gleich nach dem Erwachen, versuche man, eine vollständige innere Seelenruhe herbeizuführen. Man unterdrücke alle äußeren Sinneseindrücke, alle Erinnerungen an das Alltagsleben und versuche auch, eine solche Körperlage einzunehmen, dass auch durch den eigenen Körper, zum Beispiel durch das Drücken eines Gliedes, keine *äußere* Störung bewirkt werden kann. Würde man diesen letzten Punkt auf dieser Stufe nicht genau beobachten, so würde man manche äußere Störung verwechseln mit Wirkungen, die von Innen aus, durch die Meditation, als etwas ganz Richtiges, im Körper veranlasst werden. Womöglich suche man auch, unabhängig zu sein von solchen äußeren Verhältnissen, wie zum Beispiel die Wärme des Raumes ist, so dass man also nicht durch zu große Kälte oder zu große Hitze eine Störung erleidet. Dann versuche man, das Bewusstsein in eine einzige Vorstellung, zum Beispiel «Ruhe», zusammenzudrängen. Dann lässt man auch diese Vorstellung aus dem Bewusstsein verschwinden und versenkt sich für fünf Minuten ganz in die folgenden Zeilen:

Strahlender als die Sonne
Reiner als der Schnee
Feiner als der Äther
Ist das Selbst
Der Geist in meinem Herzen
Dies Selbst bin *Ich*
Ich bin dies Selbst.

Ohne anderen Atmungsprozess als den gewöhnlichen, versenke man sich nacheinander in die Vorstellungen: «Ich bin», mit Konzentration auf die Nasenwurzel, «Es denkt», mit Konzentration auf das Kehlkopfinnere, «Sie fühlt», mit Konzentration auf Arme und Hände, «Er will», mit Konzentration auf die ganze Körperoberfläche. ... Nach diesem stelle man sich (man imaginiere) recht lebhaft im Bilde eine einem wohlbekannte Pflanze vor, wie wenn sie vor dem Gesichte schweben würde. Es darf nicht bloß eine allgemeine, schattenhafte Vorstellung von der Pflanze sein, sondern muss eine, bis zum vollständigen Bilde in Form, Farbe, Geruch und so weiter, sich steigernde Vorstellung sein. Dieses Bild soll vor einem schwebend bleiben während der Meditation der folgenden Worte und der folgenden Atmungsprozesse. Zuerst kommen nun drei Atmungszüge in der folgenden Weise: Einatmung, ruhig und langsam, so lange man es kann, drei, vier, fünf Sekunden; dann folgt gleich ruhige Ausatmung, doppelt so lang als die Einatmung; dann Atementhalten (die Lunge bleibt dabei leer, die Atemluft draußen), dreimal so lang als das Einatmen gedauert hat. Man richte im Geiste dabei unverwandt seine Aufmerksamkeit auf das schwebende Pflanzenbild. Bei der Einatmung denke man intensiv, wie wenn man die Pflanze anredete:

Dein Tod – mein Leben.

Bei der Ausatmung denke man, wieder im Hinblick auf die Pflanze:

Mein Tod – dein Leben.

Bei der Atementhaltung enthält man sich auch aller Gedanken und wartet ab, ob sich einem nicht etwas offenbart.

Dann folgen drei andere Atemzüge, so:

Einatmung (beliebig lang); man hält dann die Atemluft in sich (dreimal so lang als das Einatmen dauert); dann atmet man ruhig aus (doppelt so lang als das Einatmen).

Dabei denkt man beim Einatmen wieder:

Dein Tod – mein Leben.

Beim Halten des Atems denkt man an nichts; beim Ausatmen denkt man:

Mein Tod – dein Leben.

Dann, nachdem man diese sechs Atemzüge gemacht hat, stellt man sich recht lebhaft vor, man trete mit seinem Bewusstsein aus sich heraus und lasse den Leib an derselben Stelle, wo er ist. Man versetze sich mit der Seele in die Pflanze, als ob man selbst geistig diese wäre und man also seinen eigenen Leib vor sich habe. Man macht dabei den siebenten Atemzug, so:

Einatmung (beliebig lang); man hält den Atem in sich (dreimal so lang als das Einatmen dauert); dann atmet man aus (doppelt so lang als das Einatmen dauert).

Beim Einatmen denkt man nur, so als ob man den Gedanken an den eigenen Leib richten würde:

Mein Tod – dein Leben.

Beim Atemhalten denkt man nichts.

Beim Ausatmen denkt man wieder, wie wenn man den eigenen Leib ansprechen würde:

Dein Tod – mein Leben.

Dann mache man wieder das Bewusstsein ganz frei und in sich still und erfülle es längere Zeit, so lange man nach seinen Kräften kann, nur mit der *einen* Vorstellung*:

Oben alles wie unten
Unten alles wie oben

Dann versenke man sich eine Zeitlang in dasjenige, was man selbst als sein göttliches Ideal anerkennt. Man ver-

* Der folgende Gedanke ist einer unter vielen, die Rudolf Steiner zu dieser Meditation gegeben hat; andere sind z. B.: Erkennen dich selbst / Ich atme Licht ein, Ich atme Licht aus / Ich in mir / Lichte Klarheit / Ruhe in der Kraft, Kraft in der Ruhe. Siehe GA 267, S. 132 f.

setze sich gegen dasselbe in eine recht andächtige (devotionelle) Stimmung. Diese ganze Meditations- und Konzentrationsübung braucht nicht länger als 20–25 Minuten zu dauern. –

Abends: Rückschau

Meditation abends und morgens

Am Abend mache man sich Folgendes klar: Ich werde des nachts untertauchen in eine unsichtbare Welt. In dieser Welt werde ich ruhen. In dieser unsichtbaren Welt liegt auch der Quell der höchsten Tugenden, besonders der Haupttugend: der Liebe zu allen Wesen. Ich muss immer aus diesem Quell aufs Neue schöpfen. Denn eine Vervollkommnung ist nur möglich, wenn das Unsichtbare immer wieder in das Sichtbare übergeführt wird. Deshalb kann nur im Unsichtbaren der Ursprung des Sichtbaren gefunden werden. Dies alles muss nun in Sinnbildern gedacht werden. Ich denke mir den Raum mit einem Lichte erfüllt, dem übersinnlichen Licht des Göttlich-Geistigen. Ich denke mir die Liebe als eine Wärme, [die] diese übersinnliche Welt durchströmt. Mich selbst denke ich in der Nacht *ruhend* in dieser übersinnlichen Welt.

Das alles wird nun in Sinnbildern in der Seele vorgestellt in den folgenden 7 Zeilen:

In der Gottheit der Welt
Werde ich mich selber finden
In Ihr ruhe ich
Es erstrahlt die Göttlichkeit meiner Seele
In der reinen Liebe zu allen Wesen
Es erglänzt die Gottheit der Welt
In den reinen Strahlen des Lichtes.

Diese 7 Zeilen und die Bilder derselben lasse man durch 5 Minuten (nicht nach der Uhr, sondern nach dem Gefühle) ganz allein in der Seele leben. Dann schalte man durch weitere 5 Minuten alle Vorstellungen aus, und gebe sich, bei vollkommener innerer Seelenruhe ganz der Wirkung dieser 7 Zeilen hin.

Nach diesem mache man seine Rückschau auf das Tagesleben.

Am Morgen, nach dem Erwachen, wenn noch keine andern Eindrücke durch die Seele gezogen sind, mache man die 7 Zeilen und die Bilder im Bewusstsein wieder lebendig und zwar in der folgenden Art:

In den reinen Strahlen des Lichtes
Erglänzt die Gottheit der Welt
In der reinen Liebe zu allen Wesen
Erstrahlt die Göttlichkeit meiner Seele
Ich ruhe in der Gottheit der Welt
Ich werde mich selbst finden
In der Gottheit der Welt.

Auch diesmal müssen diese 7 Zeilen durch 5 Minuten das Bewusstsein ganz erfüllen und dann durch weitere 5 Minuten dieses Bewusstsein ganz der Wirkung derselben hingegeben sein, ohne dass irgendein Gedanke im Bewusstsein lebt.

Nach diesem bilde man sich die Vorstellung einer werdenden Pflanze; man lasse diese in Gedanken vor sich ganz langsam wachsen: Blatt für Blatt, Blüte, Frucht. Man stelle sich die Kraft vor, wie diese das Werden bewirkt. Dann denke man sich diese Kraft in das eigene Herz hinein und konzentriere sich darauf durch 2–3 Minuten.

Im Laufe des Tages werden die vorgeschriebenen Nebenübungen* gemacht. –

---

* Siehe die 6 grundlegenden Übungen, S. 25–27

QUELLENNACHWEISE

Erwähnte und zitierte Bände der Rudolf Steiner Gesamtausgabe (GA), Rudolf Steiner Verlag, Dornach (in Klammern: aktuelle Auflage):

10 *Wie erlangt man Erkenntnisse der höheren Welten?* (1993)

13 *Die Geheimwissenschaft im Umriss* (1989)

34 *Lucifer – Gnosis. Grundlegende Aufsätze zur Anthroposophie und Berichte aus den Zeitschriften «Luzifer» und «Lucifer – Gnosis» 1903–1908* (1987)

40 *Wahrspruchworte* (2005)

56 *Die Erkenntnis der Seele und des Geistes* (1985)

57 *Wo und wie findet man den Geist?* (1984)

65 *Aus dem mitteleuropäischen Geistesleben* (2000)

95 *Vor dem Tore der Theosophie* (1990)

108 *Die Beantwortung von Welt- und Lebensfragen durch Anthroposophie* (1986)

143 *Erfahrungen des Übersinnlichen. Die drei Wege der Seele zu Christus* (1994)

151 *Der menschliche und der kosmische Gedanke* (1990)

154 *Wie erwirbt man sich Verständnis für die geistige Welt?* (1985)

214 *Das Geheimnis der Trinität* (1999)

264 *Zur Geschichte und aus den Inhalten der ersten Abteilung der Esoterischen Schule 1904 bis 1914* (1996)

266/1 *Aus den Inhalten der esoterischen Stunden. Gedächtnisaufzeichnungen von Teilnehmern. Band I: 1904–1909* (2007)

266/2 *Aus den Inhalten der esoterischen Stunden. Gedächtnisaufzeichnungen von Teilnehmern. Band II: 1910–1912* (1996)

267 *Seelenübungen Band I. Übungen mit Wort- und Sinnbild-Meditationen zur methodischen Entwicklung höherer Erkenntniskräfte, 1904–1924* (2001)

268 *Mantrische Sprüche. Seelenübungen Band II, 1903–1925* (1999)

316 *Meditative Betrachtungen und Anleitungen zur Vertiefung der Heilkunst* (2008)

317 *Heilpädagogischer Kurs* (1995)

334 *Vom Einheitsstaat zum dreigliedrigen sozialen Organismus* (1983)

Seite

7 *Über die Meditation soll man nicht «mystisch» denken:* Vortrag Oxford, 20. August 1922, GA 214, S. 126.

Tatsächlich verschwenden die Menschen: Vortrag Berlin, 8. Februar 1904, GA 266/1, S. 22.

8 *Es schlummern in jedem Menschen Fähigkeiten:* GA 10, S. 16.

Es ist ein Grundsatz in aller Geheimwissenschaft: GA 10, S. 28.

Die Geheimwissenschaft wird Gewissheit schaffen: Vortrag Berlin, 10. Oktober 1907, GA 56, S. 33.

9 *Meditieren ist nichts anderes als ein verschärftes Denken:* Vortrag Basel, 4. Mai 1920, GA 334, S. 233 f.

In dem Gedanken lernt man sich bewegen: Ebd., S. 234.

10 *Jeder, der Meditationsübungen ausführt, weiß:* Vortrag Berlin, 24. März 1916, GA 65, S. 560.

11 *Diese Meditation, diese Konzentration:* Vortrag Paris, 26. Mai 1914, GA 154, S. 108.

Frage: Du strebst nach Selbsterkenntnis: Luzifer, Nr. 2, Juli 1903, GA 34, S. 33.

13 *Die Erhebung zu einem übersinnlichen Bewusstseinszustande:* GA 13, S. 307 f.

15 *Nehmen wir an, ein Mensch, der:* Vortrag München, 11. Januar 1912, GA 143, S. 14.

16 *Und bemühe dich – ohne dass du dich dabei anstrengst:* Ebd., S. 17.

16 *Unseren Ätherleib kann auch wesentlich stärken:* Ebd., S. 18 f.

17 *Wir müssen systematisch Folgendes treiben:* Vortrag Karlsruhe, 18. Januar 1909, GA 108, S. 267–269.

18 *Nun gibt es ein einfaches Mittel:* Vortrag München, 11. Januar 1912, GA 143, S. 22.

19 *Wenn man von wirklicher Denkpraxis reden will:* Vortrag Karlsruhe, 18. Januar 1909, GA 108, S. 260 f.

Da gibt es dreierlei, das zu berücksichtigen ist: Vortrag Berlin, 11. Februar 1909, GA 57, S. 252.

20 *Nehmen wir an, jemand versucht Folgendes:* Vortrag Karlsruhe, 18. Januar 1909, GA 108, S. 261 f.

Ich will, so oft ich Zeit habe: Ebd., S. 266 f.

22 *Man lege ein kleines Samenkorn:* GA 10, S. 60–62.

23 *Eine weitere Übung:* Ebd., S. 63 f.

25 *Diese Übungen brauchen nicht gerade:* Esoterische Stunde München, 6. Juni 1907, GA 266/1, S. 234.

Gedankenkontrolle. Sie besteht darin, dass man: Vortrag Stuttgart, 2. September 1906, GA 95, S. 117.

Initiative des Handelns, das heißt, man muss: Ebd., S. 118.

26 *Das Dritte, um was es sich handelt:* Ebd.

Das Vierte ist, was man als Unbefangenheit: Ebd., S. 118 f.

27 *Das Nächste ist der Glaube:* Ebd., S. 119.

Und dann folgt als nächste Eigenschaft: Ebd.

Die folgenden Regeln sollten so aufgefasst werden: GA 267, S. 63–67.

29 *Jeden Abend vor dem Schlafengehen:* Esoterische Stunde Berlin, 29. Januar 1907, GA 266/1, S. 199–201.

30 *Ein gutes Mittel, das jeder anwenden kann:* Esoterische Stunde Prag, 29. März 1911, GA 266/2, S. 169 f.

31 *Fangen Sie mit dem Üben einer Tugend:* GA 267, S. 529, 74. f.

33 *Der Mensch darf während all dieser Übungen:* GA 10, S. 63.

Außer der Meditation: Nachdenken: Notizbuch NB 105, GA 264, S. 182.

Jeder Augenblick, in dem man sich hinsetzt: GA 10, S. 23 f.

34 *Wirksamer noch wird das, was durch die Devotion:* Ebd., S. 25–27.

Schaffe dir Augenblicke innerer Ruhe: Ebd., S. 29–32.

36 *Die Ruhe der ausgesonderten Augenblicke:* Ebd., S. 33 f.

Es muss dazu noch etwas anderes kommen: Ebd., S. 36 f.

37 *Ein natürliches Lebensbedürfnis muss:* Ebd., S. 37 f.

38 *Aber nicht schwelgen in Gefühlen:* Ebd., S. 38 f.

Als moderner Mensch haben Sie jedem Satz gegenüber: Vortrag Dornach, 21. April 1924, GA 316, S. 145 f.

39 *Man gelangt zu einem Erfassen dieser Versenkung:* GA 10, S. 309–313.

43 *Zweierlei wird uns aufgegeben:* Esoterische Stunde, Prag, 29. März 1911, GA 266/2, S. 172.

45 *Der Mensch muss auf gewisse Seelenvorgänge:* GA 267, S. 68.

Auf seine Vorstellungen (Gedanken) achten: Ebd., S. 69.

46 *Nur aus begründeter voller Überlegung heraus:* Ebd.

Das Reden. Nur was Sinn und Bedeutung hat: Ebd., S. 70.

Die äußeren Handlungen: Ebd.

47 *Die Einrichtung des Lebens:* Ebd., S. 71.

Das menschliche Streben: Ebd.

48 *Das Streben, möglichst viel vom Leben zu lernen:* Ebd., S. 72.

Von Zeit zu Zeit Blicke in sein Inneres tun: Ebd., S. 73.

49 *Urselbst, von dem wir ausgegangen sind:* Esoterische Stunde Berlin, 18. April 1906, GA 266/1, S. 136.

Strahlender als die Sonne: Archiv-Nr. 6912/13, Ende 1904, GA 267, S. 86.

Erkenne dich selbst / Erkenne die Welt: Archiv-Nr. A 0139, 1909/1910, GA 40, S. 212.

50 *Das Ich ist alle Wesen:* Notizbuch B 337, 1908, GA 268, S. 36.

Erkenne dich selbst / Und du findest: Archiv-Nr. A 0130, 18. 7. 1920, GA 40, S. 294.

Ruhe breite sich aus: Für Walter Johannes Stein, März 1924, GA 268, S. 167.

51 *Ich denke meine Gedanken:* Vortrag Berlin, 23. Januar 1914, GA 151, S. 83 f.

Sich konzentrieren auf: Archiv-Nr. 3111, Mai 1909, GA 267, S. 219.

Abends: In mir ist Gott: Vortrag Dornach, 5. Juli 1924, GA 317, S. 154.

Ich ruhe in der Gottheit der Welt: Archiv-Nr. A 0051, ca. 1908, GA 268, S. 36.

53 *Morgens früh, bald nach dem Erwachen:* Archiv-Nr. 7077–79 und 3062/63, Ende September 1906 und Dezember 1906, GA 267, S. 150, 152.

54 *Morgens früh, gleich nach dem Erwachen:* Archiv-Nr. 3936–38, GA 267, S. 124–126.

57 *Am Abend mache man sich folgendes klar:* Archiv-Nr. 4462-64, GA 267, S. 184 f.